25 RECETAS DE TUS SERIES favoritas
MARÍA MAÑERU
LIBSA

C/ Puerto de Navacerrada, 88
28935 Móstoles (Madrid)
Tel.: (34) 91 657 25 80
e-mail: libsa@libsa.es
www.libsa.es

Ilustración: Archivo LIBSA, Shutterstock images
Textos y edición: María Mañeru
Maquetación: Javier García Pastor
Diseño de cubierta: Lucía Fernández Díez

ISBN: 978-84-662-4468-8

DL: M 5903-2025

Créditos fotográficos:
Pág. 6 y pág. 13, abajo: Ridex Official / Shutterstock.com
Pág. 15, principal: Milleflore Images / Shutterstock.com
y fondo: Maria Lev / Shutterstock.com
Pág. 22, abajo: Zefry_Novizar / Shutterstock.com
Pág. 25, arriba: Keith Homan / Shutterstock.com
y abajo: cfg1978 / Shutterstock.com
Pág. 26, abajo: cfg1978 / Shutterstock.com
Pág. 34 y 35: Mohan 0842 / Shutterstock.com
Pág 38, abajo y pág. 46: spatuletail/ Shutterstock.com
Pág 41: Papaca Go / Shutterstock.com
Pág 42, centro: Lemboet 91/ Shutterstock.com
Pág 45, abajo: Zoldyck5 / Shutterstock.com
Pág 53, abajo: Ralf Liebhold / Shutterstock.com

Contenido

¡Bienvenido!.....5
Aperitivos de los Pitufos.....6
Batido de fresa de la Pantera Rosa.....9
Burguer cangreburguer de Bob Esponja.....10
Costillas de brontosaurio de los Picapiedra.....13
Cupcakes de Supermán.....14
Desayuno de Minnie Mouse.....17
Donuts de Homer Simpson.....18
Dorayakis de Doraemon.....21
Dragon Balls de Son Goku.....22
Emparedado del oso Yogui.....25
Fondue de queso de Heidi.....26
Galletas de Triki.....29
Gofres de Stranger Things.....30
Macarons de Ladybug.....33
Malvaviscos de las Supernenas.....34
Merienda de Futurama.....37
Pastel de espinacas de Popeye.....38
Pastelitos de limón de Pikachu.....41
Pizza de las Tortugas Ninja.....42
Ramen de Naruto.....45
Sopa de Mafalda.....46
Tarta de Miércoles Addams.....49
Tarta pavlova de Bluey.....50
Tortitas de Bugs Bunny.....53
Tostada de Hello Kitty.....54
Índice de ingredientes.....56

¡Bienvenido!

No hay un plan mejor que pasar una tarde en el sofá familiar bien tapado con una mantita y viendo tu serie preferida... ¿O sí lo hay? ¿Qué te parecería entrar dentro de la serie y poder saborear lo mismo que comen sus protagonistas?

Aquí te dejamos **25 recetas** inspiradas en las mejores y más famosas series de televisión de la historia que ahora puedes cocinar en casa. ¿Te apetecen unos aperitivos recién salidos de la aldea Pitufa? ¿Quizá prefieres un refresco tan rosa como la Pantera Rosa? ¿Tienes curiosidad por probar la auténtica burguer cangreburguer del Crustáceo Crujiente? ¿O eres más de dulces y te vuelves loco por los donuts de Homer Simpson, los dorayakis de Doraemon o las galletas de Triki? Que nada ni nadie te impida comer el mismo gofre que Once en Stranger Things, los macarons de Ladybug o la tarta pavlova de Bluey.

Todas las recetas se explican **paso a paso,** con una lista completa de ingredientes para que no te olvides de nada e indicaciones sobre cómo cocinar de principio a fin. Recuerda que necesitarás ser supervisado siempre por un adulto para evitar accidentes, porque hay que pelar, cortar, cocer, freír... Aunque lo realmente divertido será la presentación final, donde debes poner en marcha toda tu creatividad e imaginación para imitar los mundos de fantasía de las series que más te gustan.

No creas que todo son dulces, tenemos un **menú televisivo completo** para ti, desde la pizza de las Tortugas Ninja, las dragon balls de Son Goku, el auténtico ramen de Naruto o las costillas de brontosaurio de los Picapiedra, hasta la sopa de Mafalda o el pastel de espinacas de Popeye, pasando por las tostadas para el desayuno de Hello Kitty o las meriendas especiales de Futurama, Heidi, Supermán o el oso Yogui.

¡Adelante! Solo tienes que pasar la página para ver que todos estos platos y muchos más están esperando a que un chef como tú se aventure a empezar un nuevo capítulo culinario. Seriéfilos del mundo, este libro os va a saber muy rico... ¡y no es un spoiler!

Papá Pitufo quiere preparar una fiesta pitufal por su 543 cumpleaños y estos aperitivos acompañan perfectamente a la zarzaparrilla. Y además, es mucho más seguro hacer esta receta en tu cocina que ir a buscar setas al bosque y arriesgarte a que te pille el malvado brujo Gargamel.

INGREDIENTES

(PARA 7 SETAS)

- 7 HUEVOS
- 4 TOMATES CHERRY
- 2 CUCHARADAS DE MAYONESA
- RAMAS DE TOMILLO, PEREJIL O ALBAHACA

ELABORACIÓN

1. Vierte un litro de agua en un cazo y espera a que empiece a hervir. Con una cuchara, pon dentro los huevos con cuidado y deja hervir durante 10 minutos.
2. En un recipiente grande lleno de agua con hielo, ve colocando los huevos a enfriar unos minutos, cuando los escurras se pelarán con más facilidad.
3. Pela los huevos duros. Es buena idea cocer alguno más por si se rompe. Corta una rodaja de la base de cada huevo para que puedan tenerse de pie sobre la bandeja.
4. Lava los tomates cherry y córtalos por la mitad. Corta otra rodaja de la parte superior del huevo y coloca medio tomate cherry como capuchón de la seta.
5. Para tener una auténtica seta de cuento, pon unas gotitas de mayonesa en el capuchón y haz un suelo de bosque con ramas de tomillo o con hojas de albahaca o de perejil. ¡Listo, ya puedes pitufarte estos aperitivos! Esperamos que te pitufen mucho.

Batido de fresa de LA PANTERA ROSA

Esta pantera extiende su color allá donde va y este batido es la prueba. A pesar de ser muda, se las ha apañado para darnos la receta, que por cierto es muy fácil, riquísima y top entre los fans de esta serie. Sigue las pistas del paso a paso, como haría el inspector Clouseau, y disfruta de esta increíble bebida.

INGREDIENTES

(PARA 4 PERSONAS)

- 1 TAZA DE FRESAS
- 1 TAZA DE FRAMBUESAS
- 1 PLÁTANO MADURO
- 3 TAZAS DE LECHE
- 2 CUCHARADAS DE AZÚCAR
- COLORANTE ALIMENTARIO ROSA (OPCIONAL)
- HIELO PICADO (OPCIONAL)

ELABORACIÓN

1. Lava y trocea las fresas, lava las frambuesas y pela y trocea el plátano.
2. Coloca en un vaso de batidora todas las frutas, la leche y el azúcar y bate hasta que la mezcla sea homogénea y no queden trozos.
3. Si deseas un color rosa más intenso puedes añadir unas gotas de colorante y volver a batir. Del mismo modo, si hace mucho calor y prefieres más un refresco que un batido, puedes añadir hielo picado y revolver bien.
4. Sirve en vasos de cristal bonitos, para que se aprecie su color. Puedes decorar con frutas enteras y poner pajitas de colores. Ahora bébetelo y... ¡Piensa en rosa!

Burguer cangreburguer de BOB ESPONJA

El mejor restaurante de comida rápida de Fondo de Bikini conserva bien escondida la receta secreta de su famosa burguer cangreburguer, pero nosotros la hemos encontrado para ti. Puedes convertirte en un chef experto como Bob Esponja. Eso sí, procura que Plancton no se entere.

INGREDIENTES

(PARA UNA BURGUER CANGREBURGUER)

200 G DE PALITOS DE CANGREJO O SURIMI
1 HUEVO
1 CUCHARADA DE MOSTAZA
1 CUCHARADA DE MAYONESA
1 CUCHARADA DE KÉTCHUP
SAL
PAN RALLADO
ACEITE
1 PAN DE HAMBURGUESA
1 LONCHA DE QUESO
½ PEPINO
½ TOMATE
2 PALITOS DE PAN
2 ACEITUNAS NEGRAS Y 1 VERDE

ELABORACIÓN

1. Desmenuza los palitos de cangrejo en un bol y añade el huevo y las tres salsas. Pon sal a tu gusto. Haz una bola con la mezcla y aplástala para darle forma de hamburguesa.
2. Reboza con pan rallado la hamburguesa por ambos lados y, con ayuda de un adulto, fríela en aceite caliente hasta que quede dorada por fuera y hecha por dentro (unos 5 min a fuego medio).
3. Abre el pan de hamburguesa, coloca el filete de cangrejo y una loncha de queso y ciérrala.
4. Corta rodajitas de tomate y de pepino y colócalas a los lados como se ve en la foto, a modo de patas.
5. Para hacer los ojos, corta dos trocitos de aceituna verde e introdúcelos en las aceitunas negras. Luego, clava las aceitunas en unos palitos de pan y estos a su vez, en la hamburguesa que... ¡está lista, está lista, está lista!

Costillas de brontosaurio de LOS PICAPIEDRA

Hemos invitado a Pedro Picapiedra y Pablo Mármol a una barbacoa en nuestro jardín Jurásico y este es el plato estrella. Sabemos que hoy en día es difícil conseguir unas costillas de brontosaurio, pero cualquier otra carne servirá si se cocina bien. Corre a la cocina antes de que lleguen nuestros amigos en su troncomóvil.

INGREDIENTES

(PARA 4 PERSONAS)

- 1 costillar de cerdo
- Sal
- Pimienta negra
- 4 cucharadas de mostaza
- 4 cucharadas de miel
- 2 cucharadas de salsa barbacoa
- Aceite
- Tomillo

ELABORACIÓN

1. Pon sal y pimienta a tus costillas. En una taza, mezcla la mostaza y la miel y unta con esa mezcla las costillas por los dos lados. Déjalas en la nevera 2 horas.
2. Envuelve las costillas en papel vegetal y luego en papel de aluminio y ponlas en una fuente de horno.
3. Hornea durante 1 hora a 180 °C. Con ayuda de un adulto, sácalas del horno y retira el papel de alumino y el papel vegetal. Colócalas en la fuente en la que se vayan a servir.
4. Unta la salsa barbacoa sobre las costillas y ponlo a gratinar a 200 °C otros 15 minutos.
5. Puedes decorar con una ramita de tomillo. Las costillas asadas así quedan crujientes y caramelizadas por fuera y tiernas por dentro. Adivina qué dirá Pedro Picapiedra cuando las pruebe: ¡Yabba daba dooo!

Cupcakes de Supermán

Este postre triunfaría tanto en Krypton como en Smallville. Hemos conseguido la receta en el apartado gastronómico del *Daily Planet* y está firmada por la mismísima Lois Lane, aunque todos sabemos que quien se la ha dado es Clark Kent, cuyo parecido es asombroso con nuestro superhéroe favorito...

INGREDIENTES

(PARA 6 CUPCAKES)

- 95 g de harina de trigo
- 2 g de levadura
- Una pizca de sal
- 55 g de mantequilla blanda
- 60 g de azúcar
- 1 huevo grande
- 2 ml de esencia de vainilla
- La ralladura de ½ limón
- 30 ml de leche
- Nata montada
- Toppings de caramelo

ELABORACIÓN

1. Mezcla primero en un bol los ingredientes secos, menos el azúcar; es decir, la harina, la levadura y la sal.
2. En un bol aparte, bate la mantequilla con el azúcar. Es mejor hacerlo con varillas eléctricas hasta que quede blanco.
3. Sin dejar de batir, añade a la mantequilla el huevo, la vainilla y la ralladura de limón. Después, poco a poco, la leche y los ingredientes secos, siempre sin dejar de batir.
4. Llena hasta la mitad los moldes para cupcake con esta masa y hornea a 180 °C durante unos 20 minutos (comprueba que están hechos pinchando un palillo que debe salir limpio y seco). Deja que se enfríen.
5. Añade un copete de nata montada y espolvorea por encima toppings de caramelo. Te podemos asegurar que estos cupcakes... ¡derretirían incluso a Lex Luthor!

Desayuno de MINNIE MOUSE

Minnie Mouse sabe que el desayuno es la comida más importante del día, así que ha diseñado un plato muy energético... ¡y delicioso! Porque, además, hoy viene a desayunar su amiga Daisy y quiere sorprenderla tanto como a ti con este plato que no es solo para ratones.

INGREDIENTES

(PARA 1 DESAYUNO)

Aceite	1 rodaja de tomate
1 huevo	½ pepino
Sal	Hojas de rúcula

ELABORACIÓN

1. Echa dos dedos de aceite en una sartén pequeña y ponla al fuego. Pide ayuda a un adulto y cuando el aceite esté bien caliente, casca el huevo con cuidado y échalo dentro. Espolvorea de sal a tu gusto.
2. Deja que el huevo se fría ayudando con una espumadera a que se haga por todas partes. La clara debe quedar blanca y firme y la yema blanda. Saca el huevo escurriéndolo de aceite y colócalo en el centro de un plato.
3. Parte la rodaja de tomate por la mitad para obtener dos semicírculos. Lava el pepino y parte dos rodajitas y unas tiritas finas.
4. Haz la ratona: coloca los semicírculos de pepino como ojos y las tiritas como bigotes. Luego, pon las orejas de tomate y añade unas hojas de rúcula como cuello. Con comidas como esta, harás de tu casa un lugar... donde los sueños se hagan realidad.

Donuts de HOMER SIMPSON

A Homer no le apasiona su trabajo en la planta nuclear de Springfield, así que cuando el señor Burns no mira, busca consuelo en estas rosquillas dulces. Pero él las comería en cualquier sitio: en el sofá de su casa, en la taberna de Moe, en la casa de su vecino Ned Flanders y en compañía de Krusty el payaso.

INGREDIENTES

(PARA 12-14 DONUTS)

- 25 G DE LEVADURA DE PANADERÍA
- 150 ML DE LECHE
- ½ KILO DE HARINA DE FUERZA
- 75 G DE AZÚCAR
- UNA PIZCA DE SAL
- 50 G DE MANTEQUILLA BLANDA
- ESENCIA DE VAINILLA
- 1 HUEVO MÁS 1 CLARA
- ACEITE
- 200 G DE AZÚCAR GLAS
- 5 GOTAS DE ZUMO DE LIMÓN
- COLORANTE ALIMENTARIO ROSA
- FIDEOS DE CHOCOLATE DE COLORES Y GRAGEAS DE CARAMELO

ELABORACIÓN

1. Disuelve la levadura en un vaso, mitad de agua templada y mitad de leche. Pon la harina, el azúcar y la sal en un bol, haz un hueco en medio y añade la mantequilla, la vainilla y el huevo. Mezcla.
2. Añade la levadura y la leche. Amasa hasta que no se pegue al bol (si hace falta, añade harina). Haz una bola con la masa, envuélvela en film y deja reposar hasta que duplique su tamaño.
3. Estira la masa con un rodillo y haz una lámina de 1,5 cm de grosor. Usa moldes redondos para hacer las rosquillas. Colócalas en una bandeja y espera hasta que dupliquen su tamaño.
4. En una sartén con aceite abundante, fríe los donuts por un lado y por el otro hasta que se doren, sácalos y déjalos escurrir sobre papel absorbente.
5. Para el glaseado, mezcla el azúcar glas con la clara de huevo, el zumo de limón y unas gotas de colorante rosa. Baña los donuts por encima, decora con fideos de colores y pega grageas de caramelo blancas y negras para hacer los ojos. Deja solidificar 1 hora. ¡Mosquis, qué buenos! Y a quien no le gusten... ¡que se multiplique por cero!

Dorayakis de DORAEMON

El dulce más famoso de Japón es también el preferido de Doraemon, el gato cósmico. La versión tradicional que te presentamos se hace con una pasta (llamada anko) hecha con judías rojas dulces (llamadas azuki), pero se pueden rellenar de cualquier otra cosa que te guste (chocolate, crema, mermelada...).

INGREDIENTES

(para 4 dorayakis)

Para el relleno
- 125 g de alubias azuki
- 100 g de azúcar
- Una pizca de sal

Para el bizcocho
- 1 huevo
- 10 g de miel
- 50 g de azúcar
- Una pizca de sal
- 60 g de harina
- ½ cucharadita de levadura
- 1 cucharada de agua
- Aceite

ELABORACIÓN

1. Cuece las alubias hasta que estén tiernas. Cuélalas y tritúralas junto con una o dos cucharadas del agua de la cocción. Tiene que quedar un puré al que debes añadir el azúcar y la sal y se cocina a fuego lento unos minutos. Deja enfriar.
2. Mezcla en un bol el huevo, la miel, el azúcar y la sal. Añade después la harina y la levadura cuidando que no queden grumos. Tapa con film y deja reposar en la nevera media hora. Después, añade el agua a la mezcla y remueve.
3. Frota con un papel de cocina impregnado en aceite una sartén antiadherente y calienta a fuego medio. Echa una pequeña cantidad de masa y espera medio minuto aproximadamente (se verán burbujitas en la masa), dale la vuelta a la tortita y hazla por el otro lado.
4. Pon la pasta de alubias entre las tortitas de dos en dos y... ¡cómetelas!

Dragon Balls de SON GOKU

Para los grandes guerreros de artes marciales como Son Goku, no todo va a ser pelear, también habrá que recuperar fuerzas... Ahora puedes hacer tus propias esferas mágicas para el almuerzo, una receta que viene directamente desde el planeta Vegeta hasta tu mesa.

INGREDIENTES

(PARA 4 PERSONAS)

- 4 patatas grandes
- 50 g de mantequilla
- 100 ml de leche
- Sal
- 100 g de queso rallado
- 1 huevo
- Pan rallado
- Aceite
- Kétchup
- Mayonesa
- Perejil seco y picado

ELABORACIÓN

1. Lava las patatas. Ponlas a cocer con agua abundante durante 15 o 20 minutos. Sácalas, deja enfriar y pélalas. Ponlas en un bol y machácalas hasta formar una pasta. Añade la mantequilla, la leche y sal al gusto y mezcla. Deja que el puré se enfríe.
2. Añade el queso rallado al puré y mezcla. Haz bolas a mano con la masa.
3. Bate el huevo en un plato y pon el pan rallado en otro y pasa todas las bolas primero por el huevo y luego por el pan rallado para hacer el rebozado.
4. Fríe las bolitas en aceite abundante hasta que se doren. Sácalas y déjalas escurrir sobre papel absorbente.
5. Colócalas en una bandejita y decora con unos hilillos de mayonesa y de kétchup y un poco de perejil picado por encima. Cuando las prueben tus amigos reconocerán que eres todo un saiyajin.

Emparedado del OSO YOGUI

En el parque de Jellystone muchos excursionistas llevan sus cestas de pícnic cargadas de emparedados, pero en cuanto se descuidan, un oso tragón se los roba... ¿Ya sabes de quién hablamos? ¡Sí! El oso Yogui, un apasionado de todo tipo de sándwiches. Llena tu tartera escolar con este y triunfarás.

INGREDIENTES

(PARA 1 PERSONA)

- 2 REBANADAS DE PAN DE MOLDE
- MANTEQUILLA
- 2 LONCHAS DE FIAMBRE
- 2 RODAJAS DE PEPINO
- 1 LONCHA DE QUESO
- 1 ACEITUNA NEGRA

ELABORACIÓN

1. Recorta las rebanadas de pan de molde dándole forma de cabeza de osito, redonda y con orejitas. Úntalas con mantequilla.
2. Corta un círculo de fiambre y resérvalo. Pon una tapa de pan de molde, las lonchas de fiambre dobladas (la que quedó recortada no se verá), las dos rodajas de pepino haciéndolas coincidir con las orejas del pan en medio, entre el fiambre y la otra rebanada de pan.
3. Para hacer el hocico del oso, coloca el círculo de fiambre en el centro. Recorta otro círculo más pequeño de queso y ponlo encima. Parte la aceituna en rodajas y coloca sobre el queso la última rodaja.
4. Las otras dos rodajas de aceituna colócalas como ojos. Puedes acompañar este sándwich de oso con frutas, ensalada, huevos duros... Pongas lo que pongas, será el preferido de Yogui y del pequeño Bubu.

Fondue de queso de HEIDI

Además de los Alpes y de Heidi, lo más típico de Suiza es el queso. El de esta receta no será el mismo que llevaba Pedro el cabrero a las montañas, ni el que le ofrecía el abuelo a Clarita, pero te aseguramos que esta exquisita y tierna fondue te va a encantar.

INGREDIENTES

(PARA 1 FONDUE)

- 400 g de queso gruyère
- 200 g de queso emmental
- 1 diente de ajo
- 20 g de maicena
- Una pizca de nuez moscada
- Una pizca de pimienta negra
- Trocitos de pan

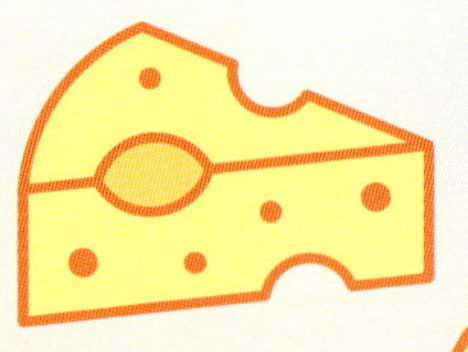

ELABORACIÓN

1. Trocea los quesos en dados pequeños y reserva. Pela el ajo y frótalo contra las paredes internas del recipiente para fondue. Pon el recipiente a calentar.
2. En otro recipiente, pon dos vasos de agua y disuelve la maicena.
3. Añade los quesos al recipiente de la fondue y revuelve mientras se funden con una cuchara de madera.
4. Ahora echa el agua con maicena y sigue revolviendo hasta tener una textura cremosa. Sazona con nuez moscada y pimienta. Sirve la fondue junto a un cesto de trocitos de pan. Mmmmm... ¡No se podría resistir ni la señorita Rottenmeier!

Galletas de TRIKI

Todos en Barrio Sésamo saben que el verdadero amor de Triki, el peludo, alocado y completamente encantador monstruo azul, son las galletas y, en concreto, las cookies con chispitas de chocolate. No le culpamos, porque están muy, muy ricas, sobre todo las de esta receta original.

INGREDIENTES

(PARA UNAS 15 GALLETAS)

125 G DE MANTEQUILLA BLANDA (MÁS MANTEQUILLA PARA LA BANDEJA)

175 G DE AZÚCAR

1 HUEVO

½ CUCHARADITA DE ESENCIA DE VAINILLA

200 G DE HARINA

½ SOBRECITO DE LEVADURA EN POLVO

½ CUCHARADITA DE SAL

PEPITAS DE CHOCOLATE NEGRO

5 MALVAVISCOS BLANCOS

CREMA DE CACAO PARA UNTAR

ELABORACIÓN

1 Mexcla en un bol la mantequilla con el azúcar. Añade el huevo y la vainilla y mezcla otra vez.

2 Añade los ingredientes secos: harina, levadura y sal y mezcla despacio a mano. Por último, echa en la masa las pepitas de chocolate y repártelas bien sin romperlas.

3 Haz bolitas un poco aplastadas con la masa y mételas en la nevera 30 minutos. Colócalas en la bandeja del horno previamente engrasada y hornea unos 10-12 minutos. Espera a que se enfríen.

4 Corta los malvaviscos en triangulitos y circulitos pequeños. Unta una galleta con crema de cacao y coloca otra galleta encima. Ponle los dientes y los ojos de malvavisco. Puedes pegarlos a la cookie con crema de cacao y poner una gotita más de crema como pupila. A estas galletas solo les falta hablar... ¡Yo comer galletaaaaaas!

Gofres de STRANGER THINGS

Por muy poderosa que sea Once, se rendiría a estos gofres. ¡Hasta el demogorgon se rendiría! Y es natural, porque en el Mundo del Revés no existen. Sin embargo, a ti no te hace falta cruzar un portal a otra dimensión para disfrutarlos, los puedes hacer en tu propia cocina con ingredientes muy sencillos.

INGREDIENTES

(PARA 4 GOFRES)

- 125 G DE HARINA DE TRIGO
- 5 G DE LEVADURA
- 50 G DE AZÚCAR
- UNA PIZCA DE SAL
- 50 G DE MANTEQUILLA BLANDA (MÁS MANTEQUILLA PARA ENGRASAR)
- 100 ML DE LECHE
- 1 HUEVO
- FRUTA, MERMELADA, NATA, SIROPE...

ELABORACIÓN

1. Con un colador fino, tamiza la harina y la levadura en un bol. Añade el azúcar y la sal y mezcla todo.
2. Derrite en un cazo la mantequilla, añade la leche y deja que se caliente sin llegar a hervir. Echa la leche y el huevo sobre la harina y mezcla hasta tener una masa lisa. Deja que repose durante 15 minutos.
3. Enciende la gofrera y espera a que se caliente. Unta con mantequilla y echa un cucharón de masa. Cierra la gofrera y espera más o menos 5 minutos.
4. Retira el gofre y ponlo sobre una rejilla a enfriar. Cocina del mismo modo todos los gofres.
5. Coloca los gofres en platos. Puedes acompañarlos de fruta, mermelada, miel, sirope de fresa o chocolate, nata... Te podemos asegurar que estos gofres son siempre deliciosos y ya sabes que... ¡los amigos no mienten!

NECESITARÁS
UN COLADOR FINO
UNA GOFRERA
ELÉCTRICA

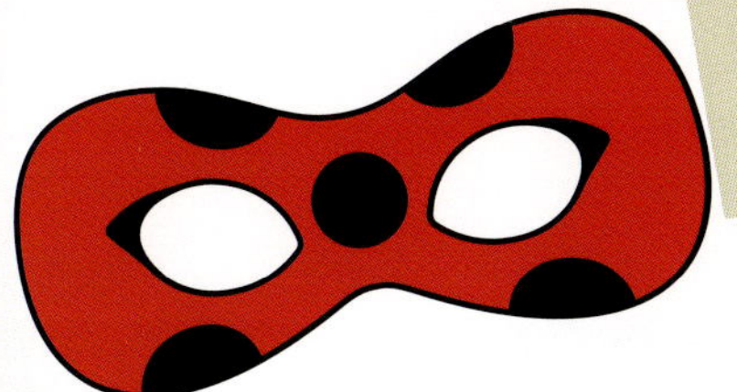

Macarons de LADYBUG

Aquí te dejamos la receta original de Marinette para unos macarons dulces y tan bonitos que se nota que vienen directamente de París. Son irresistibles incluso para el maestro Fu... Después de probarlos, solo podrás exclamar: ¡prodigiosa Ladybug!

INGREDIENTES

(PARA UNOS 25 MACARONS)

- 100 G DE CLARA DE HUEVO
- 210 G DE AZÚCAR GLAS
- COLORANTE ALIMENTARIO ROJO
- 100 G DE HARINA DE ALMENDRAS
- 25 G DE AZÚCAR
- MERMELADA, FRUTA O SIROPE DE FRESA

ELABORACIÓN

1. En un bol bastante grande, pon las claras de huevo y mezcla con batidora durante 1 minuto. Añade el azúcar glas y bate otros 3 minutos.
2. Cuando las claras formen picos, añade unas gotas de colorante alimentario rojo (con 3 gotas será suficiente, pero puedes echar más si quieres más intensidad). Bate medio minuto.
3. Con un colador fino, tamiza la harina y el azúcar y ve echando poco a poco sobre las claras mezclando con una espátula con movimientos envolventes.
4. Coloca papel vegetal en una bandeja de horno. Pon la mezcla en una manga pastelera y ve formando círculos sobre el papel vegetal. Deja que se sequen hasta que la capa de arriba quede lisa y seca.
5. Hornea a 150 °C durante 15 minutos y deja enfriar. Rellénalos con mermelada, fruta o sirope de fresa. Si vas a invitar a Cat Noir, puedes cambiar el colorante por uno negro y la mermelada de fresa por chocolate.

Malvaviscos de LAS SUPERNENAS

Puede que a las Supernenas también las conozcas como las Chicas Superpoderosas, pero lo que es seguro es que estas tres pequeñas superheroínas son tan valientes como dulces y, por tanto, su receta favorita tiene bastante azúcar... ¡no te los comas de una sola vez!

INGREDIENTES

(PARA UNOS 30 MALVAVISCOS)

- 10 LÁMINAS DE GELATINA
- 225 G DE AZÚCAR
- 1 CLARA DE HUEVO
- 1 CUCHARADITA DE ESENCIA DE VAINILLA
- COLORANTE ALIMENTARIO ROSA, VERDE Y AZUL
- 2 CUCHARADAS DE AZÚCAR GLAS
- 2 CUCHARADAS DE ALMIDÓN DE MAÍZ

ELABORACIÓN

1. Hidrata las láminas de gelatina poniéndolas en agua en un bol. Mientras, pon el azúcar con 50 ml de agua en un cazo a fuego medio y haz un almíbar.
2. Monta la clara de huevo a punto de nieve. Ahora necesitarás la ayuda de un adulto porque debes ir echando el almíbar en forma de hilo poco a poco sobre la clara montada mientras se bate con unas varillas hasta obtener un merengue. Bate hasta que se enfríe.
3. Saca las láminas de gelatina y caliéntalas en un cazo hasta que se deshagan. Añade el merengue y la esencia de vainilla y sigue batiendo hasta que se ponga con textura firme y densa. Divide la mezcla en tres y añade una gotita de colorante alimentario distinto a cada una (rosa, verde y azul).
4. Mezcla el azúcar glas con el almidón de maíz. Engrasa el molde que usarás y espolvorea con la mitad del azúcar glas y el almidón. Vuelca la mezcla y espolvorea con el resto de azúcar y almidón. Deja enfriar.
5. Corta los malvaviscos. Ya están listos para comer... ¡Te darán fuerzas para salvar al mundo antes de la hora de dormir!

NECESITARÁS
Varillas para batir
Molde rectangular

Merienda de FUTURAMA

No necesitas ser Leela para pilotar la nave del Planet Express porque puedes incluirla en tu merienda con esta receta tan sencilla que nos ha dado Fry. ¡Incluso el malhumorado robot Bender quiere probarla!

INGREDIENTES

(PARA 1 MERIENDA)

- 1 REBANADA DE PAN DE MOLDE
- 1 LONCHA DE JAMÓN YORK
- ½ LONCHA DE QUESO
- ½ PEPINO
- 1 RODAJA DE ZANAHORIA
- ½ PIMIENTO ROJO
- ½ HUEVO DURO

ELABORACIÓN

1. Corta la rebanada de pan de molde con forma triangular.
2. Corta dos semicírculos y el cuerpo del cohete de la loncha de jamón york. Para hacer las estrellas, usa un molde de galletas. Con el mismo molde, haz estrellas de queso, pepino, zanahoria y pimiento.
3. Parte una rebanada de huevo duro para hacer el sol. Corta otra rodaja de pepino y usa un molde para galletas con forma de flor para hacer la escotilla del cohete.
4. Corta las dos tiras de pimiento para simular la base del cohete.
5. Ahora hay que colocar todo artísticamente en un plato. Busca uno de color oscuro como el espacio sideral. Monta primero el cohete tal y como ves en la foto y después pon las estrellas y el sol en el cielo. Ahora, date prisa en comértela porque... ¡la nave Planet Express va a la velocidad de la luz!

Pastel de espinacas de POPEYE

Probablemente, esta riquísima receta griega del pastel de espinacas y queso feta que llaman spanakopita fue una de las que Popeye el marino se trajo de uno de sus muchos viajes. No te prometemos que vayas a tener una fuerza sobrehumana después de comer este pastel, pero sí que te vas a chupar los dedos.

INGREDIENTES

(PARA 4 PERSONAS)

- 2 CUCHARADAS DE ACEITE DE OLIVA
- ½ CEBOLLA PICADA
- 400 G DE ESPINACAS LAVADAS Y ESCURRIDAS
- 1 HUEVO
- 100 G DE QUESO FETA DESMIGADO
- ¼ CUCHARADITA DE NUEZ MOSCADA
- SAL
- PIMIENTA
- MANTEQUILLA
- 3 O 4 LÁMINAS DE MASA FILO

ELABORACIÓN

1 Calienta el aceite en una sartén y cocina la cebolla unos minutos a fuego medio, hasta que se ponga transparente. Trocea las espinacas y añádelas. Deja que se cocinen entre 8 y 10 minutos.

2 Pon las espinacas en un colador grande y presiona con un tenedor hasta quitarle todo el líquido. Coloca la pasta de espinacas en un bol y añade el huevo, el queso feta, la nuez moscada, sal y pimienta al gusto. Mezcla todo bien.

3 Unta de mantequilla el recipiente para horno. Con un pincel de cocina, unta también de mantequilla cada lámina de pasta filo y ve colocándola sobre el recipiente dejando que sobresalga por los lados.

4 Pon el relleno dentro del recipiente. Cubre el pastel con la parte de pasta filo que sobresale (si hace falta, coloca otra lámina encima).

5 Hornea a 180 °C durante 1 hora. El relleno tiene que cuajarse y el exterior, estar crujiente. Este pastel frío le encanta a Olivia, aunque a Popeye le gusta más caliente... ¡Tú puedes probarlo de todas las formas!

NECESITARÁS
Varillas para batir
Moldes de repostería con forma de pastelito

Pastelitos de limón de PIKACHU

El Pokémon más famoso del mundo te propone una receta tan amarilla como él. Puedes estar tranquilo, porque, aunque estos pastelitos te darán mucha energía, no soltarás descargas eléctricas después de comértelos. Compártelos con tus amigos, igual que Pikachu los comparte con Ash.

INGREDIENTES

(PARA 8-10 PASTELITOS)

3 HUEVOS
225 G DE AZÚCAR
1 YOGUR DE LIMÓN
110 G DE MANTEQUILLA
1 LIMÓN
270 G DE HARINA
1 SOBRE DE LEVADURA
1 PIZCA DE SAL
COLORANTE ALIMENTARIO AMARILLO
100 G DE AZÚCAR GLAS
8-10 FLORES DE AZÚCAR

ELABORACIÓN

1. Mezcla los huevos con el azúcar en un bol batiendo con varillas. Agrega el yogur y la mantequilla y vuelve a batir.
2. Corta 2 rodajas de limón y reserva. Exprime el limón y reserva el zumo. Ralla la cáscara y añádela a la mezcla. Vuelve a batir.
3. Añade la harina, la levadura y la sal y mezcla sin batir, con una cuchara. Añade una gotita de colorante amarillo y mezcla bien.
4. Echa la mezcla en los moldes y hornea a 180 °C durante unos 45 minutos (para ver si están hechos, clava un palillo y observa que salga seco y limpio). Deja enfriar.
5. En un bol, mezcla muy bien el zumo de limón que reservaste con el azúcar glas y cubre los pastelitos con un poco de esta glasa usando una cucharita. Adorna con un trocito de limón y una flor de caramelo. ¡Son auténticas Pokebolas!

Pizza de LAS TORTUGAS NINJA

Leonardo, Rafael, Donatello y, sobre todo, Michelangelo, son fans de este famoso plato italiano que les da fuerzas para luchar contra el mal. Seguro que a ti también te encanta y no necesitas irte a Nueva York para probarla porque aquí tenemos la receta más fácil de hacer.

INGREDIENTES

(PARA 1 PIZZA)

- 1 BASE DE MASA PARA PIZZA
- 1 BOTE DE TOMATE FRITO
- 6 LONCHAS DE QUESO MOZZARELLA
- 10 TOMATES CHERRY
- 8 RODAJAS DE PEPPERONI
- 6 ACEITUNAS NEGRAS
- QUESO RALLADO MOZZARELLA
- HOJAS DE ALBAHACA

ELABORACIÓN

1. Precalienta el horno a 220 °C cuidando que el calor venga de abajo.
2. Coloca la base de pizza en una rejilla. Con una cuchara, distribuye el tomate frito por toda la base.
3. Pon sobre el tomate las lonchas de queso de manera que quede cubierta toda la pizza.
4. Lava y seca los tomates cherry. Córtalos en rodajitas y colócalas por la pizza de un modo equilibrado. Coloca las rodajas de pepperoni.
5. Parte también las aceitunas negras en rodajas y distribúyelas por la pizza. Espolvorea por encima el queso rallado.
6. Hornea entre 10-15 minutos y antes de servir, decora con unas hojitas de albahaca. Cuando la pruebes solo podrás exclamar... ¡Cowabunga!

Ramen de NARUTO

Cuando llevas en tu interior a un zorro de nueve colas y estás entrenando para ser un ninja, necesitas una comida muy completa. Así que prepara un buen ramen que incluye un poco de todo: caldo, pasta, carne, verduras...

INGREDIENTES

(PARA 1 CUENCO DE RAMEN)

- 1 huevo cocido
- Salsa de soja
- Aceite
- 2 rodajas de panceta de cerdo
- 300 ml de caldo de pollo
- ¼ de cucharadita de jengibre
- 1 cucharada de mirin
- 3 setas shiitake
- 100 g de fideos ramen
- 1 cucharada de maíz de lata
- 1 cucharada de brotes de soja
- ½ cebolleta china

ELABORACIÓN

1. Pela el huevo duro y colócalo en un vaso con 2 cucharadas de soja y 2 de agua (debe quedar cubierto). Deja que marine toda la noche.
2. En una sartén con un poco de aceite y un chorrito de salsa de soja, cocina la panceta y reserva.
3. En un cazo, pon el caldo con el jengibre, 2 cucharadas de salsa de soja y el mirin y caliéntalo.
4. En otra sartén, saltea las setas shiitake unos minutos con un poco de aceite y reserva.
5. Cuece los fideos ramen siguiendo las instrucciones del fabricante, cuela y colócalos en un bol.
6. Encima de los fideos pon la panceta, las setas y el huevo partido por la mitad. Añade el maíz, los brotes de soja y la cebolleta china picada. ¡Este ramen es mejor que el que preparan en el Ichiraku Ramen!

Sopa de MAFALDA

Es verdad que la ingeniosa y reivindicativa Mafalda odiaba la sopa, pero seguro que era porque no había probado nuestra receta. Una sola cucharada de este sabroso caldo te hará tan idealista como Mafalda, tan soñador como Felipe y tan fashion como Susanita.

INGREDIENTES

(PARA 4 PERSONAS)

½ CEBOLLA

1 PUERRO

2 ZANAHORIAS

1 PECHUGA DE POLLO

SAL

100 G DE FIDEOS

PEREJIL PICADO

ELABORACIÓN

1 Pela la cebolla y el puerro y pícalos. Colócalos en una cazuela grande. Pela las zanahorias y pártelas en rodajitas finas que a su vez puedes partir por la mitad para hacer trozos pequeños. Añádelos a la cazuela.

2 Parte el pollo sin piel en cuatro trozos y ponlo en la cazuela con las verduras.

3 Cubre los ingredientes con agua y ponlos al fuego. Cuando empiece a hervir, baja el fuego y deja que se haga poco a poco durante 2 horas. Si tienes una olla exprés se hará en mucho menos tiempo.

4 Añade sal al gusto y los fideos, dejando que cuezan 5 minutos. Espolvorea con perejil picado y sirve en cuatro platos, poniendo un trozo de pollo en el centro de cada uno de ellos. Está tan rica que todos gritaremos como Guille: «¡Zo-zo-pita, zo-zo-pita!».

NECESITARÁS
RALLADOR
MANGA PASTELERA
RIP
RIP
RIP

Tarta de MIÉRCOLES ADDAMS

Es el cumpleaños del tío Fétido y la pequeña y «dulce» Miércoles Addams (también conocida como Merlina) le ha preparado esta deliciosa tarta macabra. Su ayudante de cocina es la mano Cosa y entre las dos han conseguido recrear el «precioso» cementerio que tienen en el jardín.

INGREDIENTES

(PARA 1 TARTA)

- 4 HUEVOS
- 100 ML DE ACEITE DE GIRASOL
- 200 G DE AZÚCAR
- 1 NARANJA
- 250 G DE HARINA DE TRIGO
- 1 CUCHARADA DE LEVADURA
- MANTEQUILLA
- 100 G DE CHOCOLATE PURO
- 3 GALLETAS TIPO BISCOFF
- FIDEOS DE CHOCOLATE NEGRO

ELABORACIÓN

1. Precalienta el horno a 180 °C. Mientras, bate los huevos en un bol, añade el aceite y el azúcar y mezcla bien.
2. Exprime la naranja y ralla la piel. Añade el zumo y la ralladura a la mezcla y vuelve a batir.
3. Tamiza la harina con la levadura y añade poco a poco a la mezcla usando una cuchara de madera con movimientos envolventes.
4. Engrasa un molde circular con mantequilla y vierte la masa. Hornea durante media hora y deja enfriar.
5. Derrite el chocolate puro y colócalo en una manga pastelera de boquilla fina para escribir RIP en las galletas. Deja que se endurezca. Con una boquilla más ancha, cubre de chocolate la tarta y deja que caiga por los lados. Clava las galletas lápida y añade los fideos de chocolate para simular el césped del cementerio... ¡Disfruta del funeral!

Tarta pavlova de BLUEY

Bluey y su hermana Bingo adoran esta tarta y como también adoran parecer mayores, quieren hacerla ellas solas... Menos mal que al final las han ayudado Bandit y Chilli. Mientras está en el horno, las pequeñas pueden imaginar que tienen una cafetería donde son verdaderas estrellas de la cocina.

INGREDIENTES

- 2 CLARAS DE HUEVO
- 1 PIZCA DE SAL
- 60 G DE AZÚCAR
- ½ CUCHARADITA DE HARINA DE MAÍZ
- NATA MONTADA
- 3 FRESAS
- 15 ARÁNDANOS
- 6 HOJITAS DE HIERBABUENA

ELABORACIÓN

1. Coloca en un bol las claras de huevo y la sal y empieza a batir con varillas eléctricas. Cuando empiece a estar consistente, añade poco a poco el azúcar sin dejar de batir.
2. Añade la harina de maíz y sigue batiendo todo el tiempo. Conseguir un buen merengue te llevará unos minutos.
3. En un recipiente para horno forrado con papel vegetal, coloca el merengue separado en 3 montoncitos (para 3 tartitas individuales) con forma de volcán y con un hueco en medio. Hornea a 140 °C durante una hora y media. Deja que se enfríe.
4. Sobre el merengue cocido pon nata montada a tu gusto y decora con rodajas de fresa y arándanos. Puedes colocar hojitas de hierbabuena encima para darle más color y... ¡Guauuuu, es la tarta perfecta!

NECESITARÁS
Varillas para batir
Recipiente para horno

NECESITARÁS

- Batidora
- Manga pastelera

Tortitas de BUGS BUNNY

¿Qué hay de nuevo, viejos? Pues que el personaje más popular de los Looney Tunes ha invitado a un amigo a merendar. Le encantan las zanahorias, pero como sabe que el demonio de Tasmania es muy goloso, le ha preparado tortitas.

INGREDIENTES

(PARA 4 PERSONAS)

- 150 G DE HARINA DE TRIGO
- 1 CUCHARADA DE AZÚCAR
- ½ SOBRECITO DE LEVADURA
- 1 PELLIZCO DE SAL
- 200 ML DE LECHE
- 2 CUCHARADAS DE MANTEQUILLA
- 1 HUEVO
- 16 ARÁNDANOS
- 1 ZANAHORIA
- RAMITAS DE PEREJIL
- 1 PLÁTANO
- NATA MONTADA
- 3 ONZAS DE CHOCOLATE NEGRO

ELABORACIÓN

1. Pon en el vaso de la batidora los ingredientes secos (harina, azúcar, levadura y sal). Añade los húmedos (leche, mantequilla y huevo) y bate bien.
2. Calienta una sartén pequeña y antiadherente y hecha un cazo de masa. Espera a que se formen burbujitas (unos 30-40 segundos) y dale la vuelta para que la tortita se haga por los dos lados.
3. Para cada conejito necesitarás tres tortitas: una grande para el cuerpo, otra pequeña para la cabeza y otra que tendrás que recortar: dos círculos pequeños para los pies y dos óvalos para las orejas. Monta la figura en un plato.
4. Pela la zanahoria y parte trozos que simulen zanahorias pequeñas. Con una hojita de perejil quedarán muy naturales. Añade unos arándanos para completar la pequeña huerta.
5. Pela y corta el plátano en rodajas y coloca una en cada patita. Un poco de nata montada será el rabito. Funde el chocolate y con una manga pastelera muy fina haz la huella de las patitas y... ¡Eso es todo, amigos!

Tostada de HELLO KITTY

Esta preciosa gatita que tuvo su propia serie de anime es el personaje más dulce de todo el libro. Su palabra favorita es «amistad» y por eso ofrece desayunos tan encantadores como este a sus invitados, una tostada tan tierna y adorable como este icono kawaii.

INGREDIENTES

(PARA 1 TOSTADA)

- 1 rebanada de pan de molde
- Queso crema para untar
- 3 fresas
- 3 grageas de chocolate
- Fideos de chocolate

ELABORACIÓN

1. Tuesta un poco la rebanada de pan de molde en la tostadora y cuando se enfríe unta la parte de abajo con queso crema (de tipo Philadelphia) y colócala en un plato.
2. Parte 2 fresas en rodajitas muy finas y colócalas sobre el queso.
3. Lava y parte por la mitad la otra fresa. Recuerda que no debes quitar las hojas, así el lazo de la gatita se verá más realista.
4. Haz los ojos y la nariz colocando las grageas de chocolate: dos marrones para los ojos y una amarilla para la nariz. Coloca 3 fideos de chocolate como bigotes. ¡Miau! Este es el momento en que Hello Kitty te dice adiós.

Índice de ingredientes

Aceite 10, 13, 17, 18, 21, 22, 38, 45, 49
Aceitunas 10, 25, 42
Ajo 26
Albahaca 6, 42
Almidón de maíz 34
Alubias azuki 21
Arándanos 50, 53
Azúcar
blanco 9, 14, 18, 21, 29, 30, 33, 34, 41, 49, 50, 53
glas 18, 33, 34, 41
Base de pizza 42
Brotes de soja 45
Caldo 45
Cebolla 38, 46
Cebolleta china 45
Cerdo 13, 45
Chocolate 49, 53
en pepitas 29
Colorante alimentario 9, 18, 33, 34, e41
Crema de cacao 29
Esencia de vainilla 14, 18, 29, 34
Espinacas 38
Fiambre 25
Fideos 46
de chocolate 18, 49, 54
ramen 45
Frambuesa 9
Fresa 9, 50, 54
Galleta 49
Gelatina 34
Grageas
de caramelo 18
de chocolate 54
Harina
de almendras 33
de fuerza 18
de maíz 50
de trigo 14, 21, 29, 30, 41, 49, 53
Hierbabuena 50
Huevo 6, 10, 14, 17, 18, 21, 22, 29, 30, 33, 34, 37, 38, 41, 45, 49, 50, 53
Jamón york 37
Jengibre 45
Kétchup 10, 22
Leche 9, 14, 18, 22, 30, 53
Levadura 14, 18, 21, 29, 30, 41, 49, 53
Limón 14, 18, 41
Maicena 26
Maíz 45
Malvaviscos 29
Mantequilla 14, 18, 22, 25, 29, 30, 38, 41, 49, 53
Masa filo 38
Mayonesa 6, 10, 22
Mermelada 30, 33
Miel 13, 21
Mirin 45
Mostaza 10, 13
Naranja 49
Nata montada 14, 30, 50, 53
Nuez moscada 26, 38
Palitos de cangrejo 10
Pan 26
de hamburguesa 10
de molde 25, 37, 54
en palitos 10
rallado 10, 22
Patata 22
Pepino 10, 17, 22, 37
Pepperoni 42
Perejil 6, 22, 46, 53
Pimienta negra 13, 26, 38
Pimiento rojo 37
Plátano 9, 53
Pollo 46
Puerro 46
Queso
crema 54
Emmental 26
en lonchas 10, 25, 37
feta 38
Gruyère 26
Mozzarella 42
rallado 22, 42
Rúcula 17
Sal 10, 13, 14, 17, 18, 21, 22, 29, 30, 38, 41, 46, 50, 53
Salsa
barbacoa 13
de soja 45
Setas shiitake 45
Sirope 30, 33
Surimi 10
Tomate 10, 17
cherry 6, 42
frito 42
Tomillo 6, 13
Toppings 14
Yogur 41
Zanahoria 37, 46, 53